HOLA
SOL

JULIA CAWLEY
VERA SCHÄPER
SASKIA VAN DEELEN

HOLA SOL

KARIBIK – PALMEN,
STRAND UND GUTES ESSEN

JAN THORBECKE VERLAG

VORWORT **S.07**

POR LA MAÑANA – MORGENS **S.09**

AL MEDIODÍA – MITTAGS **S.33**

ENTREMEDIAS – ZWISCHENDURCH **S.65**

POR LA TARDE – ABENDS **S.95**

POSTRE – DESSERTS **S.123**

BEBIDAS – GETRÄNKE **S.143**

ÜBER DIE AUTORINNEN **S.164**

REGISTER **S.166**

Das Leben kann so himmlisch sein! Schließt für einen Moment die Augen, spürt, wie das Wasser eure Füße umspült, wie die Sonne neue Energien freisetzt und wie karibische Klänge die Seele tanzen lassen. Sich frei wie ein Vogel fühlen und dabei hungrig sein auf das, was die Welt zu bieten hat – das ist die ideale Grundlage, um sich auf neue Geschmackserlebnisse einzulassen.

Mittelamerika und die Karibik bescheren uns eine bunte Wundertüte an unterschiedlichen Kulturen, einzigartigen Naturschauspielen und farbexplosiven Motiven. Hier brodelt das Leben – und nicht nur das, sondern auch der Kochtopf. Alles scheint sich ums Essen zu drehen. Mit der richtigen Würze und ordentlich Pep! Und so sind die Rezepturen – wie sollte es anders sein – ebenso vielseitig und außergewöhnlich wie Land und Leute. Dieses Kochbuch ist inspiriert von der kulinarischen Vielfalt der Karibik und deren ganz besonderem Lifestyle. Köstlich, unkompliziert und so in Szene gesetzt, dass es Appetit auf mehr macht. Für einen Urlaub, der nie zu Ende geht!

¡BUEN
PROVECHO!

POR LA MAÑANA

—

MORGENS

FRÜHSTÜCK
UNTER PALMEN

EL QUE MADRUGA COGE AGUA CLARA.

„Wer früh aufsteht, bekommt klares Wasser" oder frei übersetzt: „Morgenstund hat Gold im Mund". Einmal den Wecker am Morgen stellen und beizeiten aus den weichen Federn kommen. So können wir die ersten Sonnenstrahlen spüren, die den neuen Tag einläuten und nur in der Karibik auf diese einzigartige Weise das Meer sanft wach küssen. Den prächtigen Sonnenaufgang am Strand genießen, wenn der Strand wie leer gefegt und der Sand noch kühl ist. Und ja, vielleicht ist das Wasser tatsächlich etwas klarer als am Tag. Dann die Picknickdecke aufschlagen und gemütlich frühstücken mit frischen Früchten und süßem Bananenbrot.

FRÜHSTÜCK MIT
FRISCHEN FRÜCHTEN

MORGENSTUND
HAT GOLD IM MUND.

FRISCHE ANANAS MIT KOKOS-MINZE-JOGHURT

ZUBEREITUNG 15 MINUTEN

FÜR 4 PORTIONEN

· 4 STIELE MINZE
· 400 G NATURJOGHURT
· 4 EL FLÜSSIGER HONIG
· 2 EL FRISCH GERIEBENE
  KOKOSNUSS
· 1 FRISCHE ANANAS

AUSSERDEM

· MINZE UND KOKOSCHIPS
  ZUM VERZIEREN

Die Minze waschen, trocken tupfen, Blätter abzupfen und sehr fein schneiden oder hacken. Den Joghurt mit dem Honig mischen und die geschnittenen Minzeblätter unterrühren. Kokosraspel untermischen und auf 4 Gläser oder Schälchen verteilen.

Die Ananas schälen, den Strunk herauslösen, das Fruchtfleisch in kleine Stücke schneiden und auf dem Joghurt verteilen.

Mit Kokoschips und Minze verzieren.

TIPP:
ZWEI FRISCHE KLEINE ANANAS IN DER MITTE LÄNGS HALBIEREN, DAS FRUCHTFLEISCH HERAUSLÖSEN, MIT DER JOGHURTMISCHUNG FÜLLEN, FRUCHTSTÜCKCHEN DARAUFGEBEN UND DEN JOGHURT IN DER ANANAS SERVIEREN.

KROSSE SÜSS-KARTOFFELRÖSTI MIT SPIEGELEI UND BACON

ZUBEREITUNG 30 MINUTEN

FÜR 4 PORTIONEN

· 8 SCHEIBEN BACON
· 350 G SÜSSKARTOFFELN
· 1 ZWIEBEL
· 5 EIER
· SALZ
· FRISCH GEMAHLENER PFEFFER
· MUSKATNUSS
· 2 EL MEHL
· 3 EL ÖL ZUM BRATEN

AUSSERDEM

· SPIRALSCHNEIDER

Den Bacon in einer beschichteten Pfanne bei mittlerer Hitze langsam kross braten, anschließend auf Küchenpapier abtropfen lassen.

Für die Rösti die Süßkartoffeln schälen und mit einem Spiralschneider in dünne Spiralen schneiden. Die Zwiebel schälen, fein hacken und mit den Süßkartoffelspiralen in eine Schüssel geben. Ein Ei mit Salz, Pfeffer und etwas frisch geriebener Muskatnuss verquirlen und mit dem Mehl unter die Süßkartoffeln mischen.

In einer Pfanne 2 EL Öl erhitzen, die Süßkartoffelmischung in vier Häufchen hineingeben, leicht andrücken und von beiden Seiten jeweils 3–4 Minuten bei mittlerer Hitze kross braten.

Für die Spiegeleier das restliche Öl in einer weiteren Pfanne erhitzen. 4 Eier aufschlagen, vorsichtig in die Pfanne gleiten lassen, mit Salz und Pfeffer würzen und fertig braten.

Die Rösti auf 4 Tellern verteilen und jeweils mit einem Spiegelei sowie zwei Scheiben Bacon belegen.

TIPP:

FÜR ETWAS SCHÄRFE EINIGE TROPFEN FIRE OIL (REZEPT SEITE 46) MIT UNTER DIE SÜSSKARTOFFELMASSE MISCHEN.

BANANA BREAD

ZUBEREITUNG 10 MINUTEN, BACKZEIT 1 STUNDE

FÜR EINE KASTENFORM

- 500 G REIFE BANANEN
  (MIT SCHALE)
- 120 G BRAUNER ZUCKER
- 130 G WEICHE BUTTER UND
  ETWAS ZUM FETTEN DER FORM
- 1 PÄCKCHEN VANILLEZUCKER
- 2 EIER
- 250 G MEHL
- 1 TL BACKPULVER
- 1 PRISE SALZ
- ½ TL ZIMT
- 100 G SCHMAND

AUSSERDEM

- KASTENFORM 20 CM

Den Backofen auf 180 °C Ober-/Unterhitze vorheizen.

Die Bananen schälen, klein schneiden und pürieren. Zucker, Butter und Vanillezucker schaumig schlagen, die Eier hinzufügen und weiterrühren. Mehl, Backpulver, Salz und Zimt unter Rühren dazugeben. Anschließend Schmand und Bananenpüree unterrühren.

Die Kastenform ausfetten, den Teig hineingeben und in der Mitte des Backofens ca. 1 Stunde backen.

Dazu passt Piña-Colada-Konfitüre (Rezept Seite 26).

TIPP:
BANANENBROT IST EINE PRIMA RESTEVERWERTUNG
FÜR ÜBERREIFE BANANEN.

PIÑA-COLADA-KONFITÜRE

ZUBEREITUNG 20 MINUTEN

FÜR CA. 4 GLÄSER À 200 ML

· 750 G FRISCHE ANANAS
· 1 ZITRONE
· 3 EL KOKOSSIRUP
· 250 G GELIERZUCKER 3:1

AUSSERDEM

· STERILE GLÄSER
  MIT SCHRAUBDECKEL

Die Ananas schälen, vom Strunk befreien und in sehr kleine Stücke schneiden. Die Zitrone halbieren, auspressen und den Saft mit den Ananasstückchen, dem Kokossirup und dem Gelierzucker in einem Topf zum Kochen bringen. Bei mittlerer Hitze ca. 5 Minuten leise köcheln lassen, dabei immer wieder umrühren.

Für die Gelierprobe 1 TL Konfitüre auf einen kleinen Teller geben und prüfen, ob die Konfitüre fest wird. Wenn die gewünschte Konsistenz erreicht ist, die Piña-Colada-Konfitüre in sterile Gläser abfüllen und verschließen.

Piña-Colada-Konfitüre passt sehr gut zu Bananenbrot (Rezept Seite 24).

TIPP:
STATT MIT KOKOSSIRUP KANN DIE KONFITÜRE AUCH MIT ETWAS KOKOSMILCH EINGEKOCHT WERDEN.

HUEVOS RANCHEROS

ZUBEREITUNG 45 MINUTEN

FÜR 4 PORTIONEN

- 2 KNOBLAUCHZEHEN
- 1 ZWIEBEL
- 1 EL OLIVENÖL
- 2 ROTE SPITZPAPRIKA
- 1 ROTE CHILISCHOTE
- 800 G DOSENTOMATEN
- 1 LORBEERBLATT
- 1 TL EDELSÜSSES PAPRIKAPULVER
- 1 TL OREGANO
- 1 PRISE KREUZKÜMMELPULVER
- SALZ
- FRISCH GEMAHLENER PFEFFER
- 4 EIER (GRÖSSE M)
- 1 EL FRISCHE KORIANDERBLÄTTER
- 4 TORTILLAS

AUSSERDEM

- FEUERFESTE FORM

Den Backofen auf 190° C Ober-/Unterhitze vorheizen.

Die Knoblauchzehen und die Zwiebel schälen, fein hacken und in einer Pfanne mit Olivenöl glasig dünsten. Die Paprika putzen, waschen, klein würfeln, dazugeben und kurz mitdünsten.

Die Chilischote halbieren, entkernen, waschen, klein schneiden und mit den Dosentomaten inkl. Saft in die Pfanne geben. Das Lorbeerblatt und die Gewürze dazugeben, salzen, pfeffern und bei mittlerer Hitze ca. 15 Minuten leise köcheln lassen.

Das Lorbeerblatt entfernen, die fertige Tomatensauce in eine feuerfeste Form geben und mit der Rückseite eines Esslöffels vier Mulden eindrücken. In die Mulden je ein aufgeschlagenes Ei gleiten lassen, die Form in den heißen Ofen schieben und in der Mitte 12–14 Minuten backen, bis die Eier fertig gegart sind.

Mit frischem Koriander bestreuen und mit Tortillas servieren.

TIPP:

DAZU PASST SEHR GUT GUACAMOLE (REZEPT SEITE 82), KNUSPRIG AUSGEBACKENER FRÜHSTÜCKSSPECK ODER GERIEBENER KÄSE.

BANANA FRITTERS

ZUBEREITUNG 30 MINUTEN

FÜR CA. 14 PFANNKUCHEN

· 2 EIER
· 1 EL BRAUNER ZUCKER
· 150 G MEHL
· 1 TL BACKPULVER
· ½ TL SALZ
· ½ TL ZIMT
· ½ TL GEMAHLENE VANILLE
· 1 PRISE TONKABOHNE
· 200 ML MILCH
· 3 REIFE BANANEN
· ÖL ZUM BRATEN
· ZIMT-ZUCKER-MISCHUNG
  ZUM BESTREUEN

AUSSERDEM

· STABMIXER

Die Eier mit dem Zucker schaumig rühren. Anschließend Mehl, Backpulver, Salz, Zimt, Vanille und Tonkabohne dazugeben, Milch aufgießen und kräftig mit dem Schneebesen verrühren.

Die Bananen schälen, mit einem Stabmixer zu Brei pürieren und mit dem Teig vermengen. 10 Minuten ruhen und quellen lassen.

Das Öl in einer Pfanne erhitzen. Für jeden Pfannkuchen ca. 2 EL Teig in die Pfanne geben, so dass sie in etwa einen Durchmesser von 8–10 cm haben.

Bei mittlerer Hitze von beiden Seiten goldbraun braten.

Mit Zimt-Zucker-Mischung bestreuen und mit Bananenscheiben oder nach Geschmack mit anderem geschnittenen Obst servieren.

TIPP:

DIE PFANNKUCHEN MIT AHORNSIRUP ÜBERGIESSEN. NATÜRLICHE SÜSSE BRINGEN ALTERNATIV EINIGE MITGEBACKENE BANANENSCHEIBEN.

AL MEDIODÍA

—

MITTAGS

DARF ES AUCH MAL
ETWAS SCHÄRFER SEIN?

BARRIGA LLENA, CORAZÓN CONTENTO.

„Voller Bauch, glückliches Herz" – die Redewendung zeigt, wie sehr gutes und reichhaltiges Essen und Zufriedenheit miteinander verknüpft sind. Die Küche der Karibik ist geprägt von deren lokalem Schatz an Obst- und Gemüsesorten sowie, dank der Nähe zum Ozean, viel Fisch und allerlei Meeres- und Schalentieren. Außerdem spielen Gewürze, wie Chili, Piment, Gewürznelken oder Zimt, eine wichtige Rolle. Beim Schlendern über die Wochenmärkte bewundern wir die bunte Vielfalt an Zutaten und nehmen uns ein herrlich scharfes Fire Oil, Olivenöl mit eingelegten Chilis, mit oder wir zaubern es mit nur wenigen Zutaten schnell zu Hause.

LEBEN IM HIER
UND JETZT!

CEVICHE MIT MELONE-AVOCADO-TATAR

ZUBEREITUNG 30 MINUTEN, MARINIERZEIT 30 MINUTEN

FÜR 4 PORTIONEN

- 500 G DORADENFILETS
  OHNE HAUT
- 4 MARACUJAS
- 3 LIMETTEN
- 4 EL OLIVENÖL
- SALZ
- FRISCH GEMAHLENER PFEFFER
- 400 G CANTALOUPE-MELONE
- 2 AVOCADOS
- 1 ROTE CHILISCHOTE
- 1 BUND FRÜHLINGSZWIEBELN
- 1 PRISE ZUCKER
- 3 EL GEHACKTER KORIANDER

Für das Ceviche die Doradenfilets in kleine Würfel schneiden. Die Maracujas halbieren, das Fruchtmark herauskratzen und durch ein kleines Sieb passieren. Die Limetten auspressen, mit dem Maracujasaft und 2 EL Olivenöl zu den Doradenfilets in eine Schüssel geben. Leicht salzen und pfeffern, alles gut vermengen und 30 Minuten im Kühlschrank marinieren.

Für das Tatar das Fruchtfleisch der Melone in kleine Würfel schneiden. Die Avocados halbieren, den Kern entfernen, das Fruchtfleisch herauslösen und ebenfalls klein würfeln. Die Chilischote waschen und in feine Scheiben schneiden. Die Frühlingszwiebeln putzen, waschen und in Ringe schneiden. Alles zusammen in einer Schüssel mit 2 EL Olivenöl mischen, anschließend mit einer Prise Zucker, Salz und frisch gemahlenem Pfeffer würzen.

Das Tatar auf Teller verteilen, das Ceviche daraufgeben, mit Koriander bestreuen und sofort servieren.

TIPP:

FÜR CEVICHE EIGNET SICH JEDES FESTE WEISSE FISCHFILET. DER FISCH SOLLTE SEHR FRISCH UND VON BESTER QUALITÄT SEIN.

KÜRBISSUPPE MIT CAJUN-HÄHNCHENSPIESS

ZUBEREITUNG 40 MINUTEN

FÜR 4 PORTIONEN
FÜR DIE SUPPE

· 3 SCHALOTTEN
· 2 EL OLIVENÖL
· 400 G HOKKAIDO-KÜRBIS
· 500 ML HÜHNERFOND
· 200 ML KOKOSMILCH
· 20 G INGWER
· SALZ
· FRISCH GEMAHLENER PFEFFER

FÜR DIE CAJUN-GEWÜRZMISCHUNG

· 1 KNOBLAUCHZEHE
· 1 TL EDELSÜSSES PAPRIKAPULVER
· 1 TL KREUZKÜMMEL
· 1 TL GETROCKNETER OREGANO
· ½ TL GETROCKNETER THYMIAN
· ½ TL CHILIFLOCKEN
· ½ TL ZWIEBELPULVER
· SALZ
· FRISCH GEMAHLENER PFEFFER
· 1 EL OLIVENÖL

FÜR DIE HÄHNCHENSPIESSE

· 2 HÄHNCHENBRUSTFILETS
· 1 EL CAJUN-GEWÜRZMISCHUNG
  (SIEHE OBEN)
· 2 EL OLIVENÖL

AUSSERDEM

· STABMIXER
· HOLZSPIESSE
· KÜRBISKERNE
  ZUR DEKORATION (OPTIONAL)

Die Schalotten schälen, klein würfeln und in Olivenöl in einem Topf glasig dünsten.

Den Hokkaido-Kürbis waschen, halbieren, würfeln, zu den Schalotten geben und 4–5 Minuten mitdünsten. Mit Hühnerfond ablöschen, aufkochen lassen und die Kokosmilch zugießen. Ingwer schälen, in die Suppe reiben und alles ca. 25 Minuten leise köcheln lassen. Anschließend mit dem Stabmixer fein pürieren, mit Salz und Pfeffer abschmecken.

Für die Cajun-Gewürzmischung die Knoblauchzehe schälen und sehr fein hacken. Alle anderen Gewürze dazugeben und mit dem Olivenöl gut vermischen.

Die Holzspieße 15 Minuten in Wasser einlegen. Das Hähnchenbrustfilet in Würfel schneiden, mit 1 EL Cajun-Gewürzmischung vermengen und auf die Holzstäbchen spießen. Olivenöl in einer Pfanne erhitzen und die Hähnchenspieße von allen Seiten braun braten.

Die Kürbissuppe auf Teller verteilen, nach Geschmack mit gerösteten Kürbiskernen garnieren und mit Hähnchenspießen servieren.

FIRE OIL

ZUBEREITUNG 5 MINUTEN, ZIEHZEIT 2–3 WOCHEN

FÜR CA. 500 ML

- 6-8 GETROCKNETE CHILISCHOTEN
- 2 GETROCKNETE LORBEERBLÄTTER
- 8 SCHWARZE PFEFFERKÖRNER
- 4 PIMENTKÖRNER
- 500 ML MAISKEIMÖL

AUSSERDEM

- VERSCHLIESSBARE
  STERILE GLASFLASCHE
  FÜR CA. 500 ML

Die getrockneten Chilischoten von den Stielen befreien, in einem Mörser leicht zerdrücken, mit den Lorbeerblättern sowie den Pfeffer- und Pimentkörnern in eine sterile Flasche geben, mit Maiskeimöl auffüllen, verschließen und gut durchschütteln.

Bei Zimmertemperatur mindestens 14 Tage an einem dunklen Ort ziehen lassen. Währenddessen die Flasche immer wieder durchschütteln.

Fire Oil eignet sich für Grillmarinaden, aber auch zum Würzen, Kochen und Braten. Der Kürbissuppe von Seite 44 verleihen einige Tropfen Fire Oil etwas Schärfe.

TIPP:

IN EINE SCHÖNE FLASCHE GEFÜLLT, IST FIRE OIL EIN BESONDERES MITBRINGSEL AUS DER EIGENEN KÜCHE.

ACCRAS VOM KABELJAU

ZUBEREITUNG 30 MINUTEN, RUHEZEIT 30 MINUTEN

FÜR CA. 18 STÜCK

- 250 G KABELJAU
- SALZ
- 2 LORBEERBLÄTTER
- 1 BUND FRÜHLINGSZWIEBELN
- 3 KNOBLAUCHZEHEN
- 2 EL GEHACKTE PETERSILIE
- 2 EL GEHACKTER SCHNITTLAUCH
- 1 EL THYMIAN
- ½ TL CHILIFLOCKEN
- FRISCH GEMAHLENER PFEFFER
- 1 TL TROCKENHEFE
- 150 G MEHL
- 100 ML KALTES WASSER
- 1 L ÖL ZUM FRITTIEREN
- LIMETTENSPALTEN ZUM
  SERVIEREN

Den Kabeljau in einem Topf mit heißem gesalzenen Wasser und den Lorbeerblättern 8–10 Minuten gar ziehen lassen. Das Wasser sollte dabei nicht kochen. Den Fisch herausnehmen und in einer Schüssel mit einer Gabel zerteilen. Die Frühlingszwiebeln putzen, waschen und in sehr feine Ringe schneiden. Die Knoblauchzehen schälen, fein hacken und mit Frühlingszwiebeln, Petersilie, Schnittlauch, Thymian und Chiliflocken unter den Fisch mischen. Kräftig mit Salz und Pfeffer abschmecken.

Die Trockenhefe mit dem Mehl vermengen, abwechselnd mit dem kalten Wasser zur Fischmasse geben und zu einem geschmeidigen Teig verarbeiten. Abgedeckt 30 Minuten im Kühlschrank ruhen lassen.

Das Öl in einem Topf erhitzen und die Fischmasse portionsweise mit Hilfe zweier Löffel hineingeben. Die Fischbällchen wenden und gleichmäßig von beiden Seiten goldbraun ausbacken. Anschließend auf Küchenpapier abtropfen lassen.

Warm mit Limettenspalten, Reis oder Salat servieren. Dazu passen auch die Zitronen-Mayonnaise (Rezept Seite 92) und das Banana Ketchup (Rezept Seite 78).

TIPP:

IN DER KARIBIK WIRD FÜR DIESES GERICHT DIE GLEICHE MENGE STOCKFISCH VERWENDET. STOCKFISCH MUSS VOR DER VERARBEITUNG MINDESTENS 24 STUNDEN LANG GEWÄSSERT WERDEN.

PAPAS ARRUGADAS – KARTOFFELN IN SALZKRUSTE

ZUBEREITUNG 30 MINUTEN

**FÜR 4 PORTIONEN
ALS BEILAGE**

· 1 KG KLEINE KARTOFFELN
· 130 G GROBES MEERSALZ

Die Kartoffeln waschen, in einen Topf geben und mit Wasser bedecken. Das Meersalz einstreuen und die Kartoffeln zugedeckt ca. 20 Minuten leicht sprudelnd köcheln lassen.

Das Wasser abgießen, Kartoffeln im Topf vollständig ausdampfen lassen, bis sich auf der Schale eine weiße Kruste gebildet hat. Dabei die Kartoffeln im Topf einige Male hin und her schwenken.

Noch heiß mit Salsa Rojo (Rezept Seite 54) oder Salsa Verde (Rezept Seite 52) servieren.

TIPP:
PASST ALS BEILAGE AUCH GUT ZU GEGRILLTEM FISCH ODER FLEISCH.

SALSA VERDE

ZUBEREITUNG 20 MINUTEN

FÜR CA. 250 ML

· 1 GRÜNE PAPRIKASCHOTE
· 2 KNOBLAUCHZEHEN
· 2 BUND PETERSILIE
· ½ BUND KORIANDER
· 2 STIELE MINZE
· 20 G SEMMELBRÖSEL
· 5 EL WASSER
· 2 EL WEISSWEINESSIG
· 1 TL THYMIANBLÄTTER
· 1 TL GROBES MEERSALZ
· 150 ML OLIVENÖL
· FRISCH GEMAHLENER PFEFFER

AUSSERDEM

· STABMIXER

Die Paprikaschote waschen und 5 Minuten in heißes Wasser legen. Anschließend putzen, von den Kernen befreien und klein schneiden. Knoblauchzehen schälen und klein hacken. Petersilie, Koriander und Minze waschen, trocknen und samt Stielen ebenfalls klein schneiden.

Die Semmelbrösel in ein hohes Gefäß geben, mit Wasser und Weißweinessig verrühren.

Paprika, Knoblauch, Petersilie, Koriander, Minze, Thymian und Meersalz dazugeben und mit dem Stabmixer fein pürieren. Dabei langsam das Olivenöl zugießen und mit Pfeffer würzen.

TIPP:

SALSA VERDE PASST ZU GEGRILLTEM GEMÜSE
ODER EINFACH ZU TORTILLACHIPS.

SALSA ROJO

ZUBEREITUNG 20 MINUTEN

FÜR CA. 250 ML

· 2 ROTE SPITZPAPRIKA
· 20 G SEMMELBRÖSEL
· 5 EL WASSER
· 1 EL WEISSWEINESSIG
· 1 ROTE CHILISCHOTE
· 1 TL EDELSÜSSES PAPRIKAPULVER
· 1 TL SCHARFES PAPRIKAPULVER
· 1 TL KREUZKÜMMELPULVER
· 1 TL GROBES MEERSALZ
· 2 KNOBLAUCHZEHEN
· 100 ML RAPSÖL
· SALZ
· FRISCH GEMAHLENER PFEFFER

AUSSERDEM

· STABMIXER

Die Spitzpaprika abwaschen und 5 Minuten in heißes Wasser legen. Anschließend putzen, von den Kernen befreien und in kleine Stücke schneiden.

Die Semmelbrösel in ein hohes Gefäß geben, mit Wasser und Weißweinessig verrühren. Die Chilischote halbieren, entkernen, waschen, klein schneiden und in das Gefäß geben.

Mit Paprikapulver, Kreuzkümmel und Meersalz würzen. Die Knoblauchzehen schälen, klein hacken, zusammen mit den Paprikawürfeln dazugeben und mit dem Stabmixer pürieren. Dabei langsam das Rapsöl zugießen. Mit Salz und Pfeffer abschmecken.

TIPP:
SALSA ROJO PASST ZU KARTOFFELN IN SALZKRUSTE
(REZEPT SEITE 50), FISCH UND FLEISCH.

MUSCHELN IN KOKOS-CURRY-SUD

ZUBEREITUNG 30 MINUTEN

FÜR 4 PORTIONEN

- 3 KG MIESMUSCHELN
- 1 ROTE CHILISCHOTE
- 1 BUND FRÜHLINGSZWIEBELN
- 1 ZWIEBEL
- 3 KNOBLAUCHZEHEN
- 20 G INGWER
- 1 STANGE ZITRONENGRAS
- 2 EL OLIVENÖL
- 2 EL ROTE CURRYPASTE
- ½ TL KURKUMA
- 1 DOSE KOKOSMILCH (CA. 400 ML)
- 150 ML SAHNE
- ½ LIMETTE
- SALZ
- 2 EL GEHACKTE KORIANDERBLÄTTER

Die Miesmuscheln gründlich waschen, putzen, verlesen und entbarten. Alle geöffneten Muscheln entsorgen.

Die Chilischote waschen, längs halbieren, entkernen und in feine Streifen schneiden. Die Frühlingszwiebeln waschen, putzen und in feine Ringe schneiden. Die Zwiebel schälen und fein würfeln. Die Knoblauchzehen schälen und klein hacken. Das Ingwerstück schälen und fein reiben. Die Zitronengrasstange mit einem großen Messer flachdrücken.

Das Olivenöl in einem Topf erhitzen und Chili, Frühlingszwiebeln, Zwiebeln, Knoblauch, Ingwer, Zitronengras, Currypaste und Kurkuma dazugeben und kurz anbraten. Mit Kokosmilch ablöschen, Sahne zugießen und zusammen kurz aufkochen lassen. Die Muscheln zugeben und zugedeckt 6–7 Minuten leicht sprudelnd kochen, bis sich die Muscheln geöffnet haben. Dabei immer wieder umrühren, damit die Muscheln gleichmäßig gegart werden. Danach alle nicht geöffneten Muscheln unbedingt entsorgen.

Die geöffneten Muscheln aus dem Sud nehmen und in eine Schale füllen. Den Sud 4–5 Minuten bei starker Hitze einkochen lassen. Die Limettenhälfte auspressen, den Saft zum Sud geben, mit Salz abschmecken und wieder über die Muscheln gießen.

Mit Korianderblättern bestreut servieren.

Dazu passt frisches Brot.

PICADILLO – HACKPFANNE MIT ROSINEN UND KOCHBANANEN

ZUBEREITUNG 40 MINUTEN

FÜR 4 PORTIONEN

· 3 KNOBLAUCHZEHEN
· 2 ZWIEBELN
· 3 EL OLIVENÖL
· 3 SPITZPAPRIKA
· 600 G RINDERHACK
· 6 TOMATEN
· 1 EL TOMATENMARK
· 1 TL KREUZKÜMMEL
· 1 TL PAPRIKAPULVER
· SALZ
· FRISCH GEMAHLENER PFEFFER
· 2 EL GRÜNE OLIVEN OHNE KERN
· 1 EL WEISSWEINESSIG
· 2 EL ROSINEN
· 2 ZWEIGE THYMIAN
· 2 KOCHBANANEN
· 2 EL BUTTER ZUM BRATEN

Die Knoblauchzehen und die Zwiebeln schälen, klein würfeln und in Olivenöl in einer Pfanne glasig dünsten. Die Spitzpaprika putzen, waschen, in Würfel schneiden, in die Pfanne geben und mitdünsten. Rinderhack zugeben und krümelig braten.

Tomaten waschen, klein schneiden und mit dem Tomatenmark in die Pfanne geben, mit Kreuzkümmel, Paprikapulver, Salz und Pfeffer würzen. Die Oliven in Scheiben schneiden, mit Weißweinessig, Rosinen und Thymianzweigen dazugeben. Gut umrühren und bei mittlerer Hitze 30 Minuten leicht köcheln lassen.

In der Zwischenzeit die Kochbananen schälen und in Scheiben schneiden. Butter in einer Pfanne erhitzen und die Bananenscheiben rundherum goldbraun braten.

Die Hackpfanne mit den Bananenscheiben servieren. Dazu passt Reis.

TIPP:

DIE HACKPFANNE IST AUCH EINE LECKERE FÜLLUNG FÜR TORTILLAS.

GEGRILLTER PFIRSICH MIT SÜSS-SCHARFEN CURRY-GARNELEN

ZUBEREITUNG 30 MINUTEN

FÜR 4 PORTIONEN

· 2 ROTE CHILISCHOTEN
· 50 G GERÖSTETE, GESALZENE ERDNÜSSE
· 4 REIFE PFIRSICHE
· 5 EL ERDNUSSÖL
· 12 KÜCHENFERTIGE RIESENGARNELEN
· 1 EL CURRYPULVER
· 100 G BUTTER
· 2 EL HONIG
· ETWAS KORIANDER ZUM VERZIEREN

AUSSERDEM

· GRILLPFANNE

Die Chilischoten der Länge nach halbieren, entkernen, waschen und in sehr feine Streifen schneiden. Die Erdnüsse hacken.

Die Pfirsiche waschen, trocknen, halbieren und entkernen. Das untere Viertel der Pfirsichhälften abschneiden. Die aufgeschnittenen Seiten der Pfirsichhälften mit 2 EL Erdnussöl bestreichen und in einer Grillpfanne von beiden Seiten 3–4 Minuten braten.

Das restliche Erdnussöl in einer Pfanne erhitzen, die Garnelen kurz anbraten, Currypulver darüberstreuen, Butter und Honig einrühren, alles gut vermischen und die Garnelen darin fertig garen.

Die gegrillten Pfirsichhälften auf Teller verteilen, Garnelen darübergeben und mit Koriander verzieren.

TIPP:

STATT DER PFIRSICHE KÖNNEN AUCH VIER GESCHÄLTE MANGOHÄLFTEN GEGRILLT WERDEN.

THUNFISCHSTEAK AUF MANGO-PAPAYA-AVOCADOSALAT

ZUBEREITUNG 30 MINUTEN, MARINIERZEIT 15 MINUTEN

FÜR 4 PORTIONEN

· 4 THUNFISCHSTEAKS
· 100 ML SOJASAUCE
· 4 EL OLIVENÖL
· 1 ORANGE
· 50 ML RAPSÖL
· 1 EL WEISSER BALSAMICO
· 1 TL HONIG
· 1 TL SENF
· SALZ
· FRISCH GEMAHLENER PFEFFER
· 1 FRISÉESALAT
· 1 KLEINE PAPAYA (CA. 400 G)
· 1 MANGO
· 1 AVOCADO

AUSSERDEM

· GRILLPFANNE

Die Thunfischsteaks unter fließendem Wasser abspülen und trocken tupfen. Die Sojasauce mit 2 EL Olivenöl mischen, die Thunfischfilets darin einlegen und 15 Minuten im Kühlschrank marinieren.

Für das Dressing die Orange auspressen und den Saft mit Rapsöl, Balsamico, Honig und Senf vermengen. Mit Salz und Pfeffer abschmecken. Den Friséesalat waschen, putzen und trocken schleudern.

Die Papaya schälen und das Fruchtfleisch klein schneiden. Die Mango schälen, das Fruchtfleisch vom Kern lösen und in kleine Stücke schneiden. Die Avocado halbieren, entkernen, das Fruchtfleisch aus der Schale lösen und würfeln. Den Friséesalat auf 4 Teller geben, die Früchte und die Avocadowürfel darauf verteilen und mit dem Dressing beträufeln.

In einer Grillpfanne das restliche Olivenöl erhitzen und die Thunfischsteaks von beiden Seiten je ca. 1 Minute braten. So bekommt der Fisch von außen eine ca. 3 mm gegarte Schicht und in der Mitte bleibt der Fisch roh und rosa.

Die fertigen Thunfischsteaks auf den Salat legen, mit Salz und frisch gemahlenem Pfeffer würzen.

ENTRE-MEDIAS

MEDIAS

—

ZWISCHEN-

DURCH

ZUM DIPPEN, SNACKEN
UND DRAUSSEN GENIESSEN

Y VIVIERON FELICES Y COMIERON PERDICES.

„Und sie lebten glücklich und aßen Rebhühner" – so heißt es in spanischen Geschichten am Ende. Und wer könnte in der Karibik nicht glücklich sein? Der Himmel ist blau, keine Wolke zu sehen, die Sonne strahlt und das türkisfarbene Wasser glitzert. Was gibt es da Schöneres, als den ganzen Tag am Strand unter einer Palme zu liegen und ein gutes Buch zu lesen? Eine romantische Liebesgeschichte zum Dahinschmelzen, ein Roman, der in einem fremden Land, möglicherweise sogar einer anderen Welt spielt oder ein Thriller, bei dem man trotz tropischer Hitze Gänsehaut bekommt … Die Seiten fliegen dahin, man wird in den Strom der Geschichte gezogen. Das Meeresrauschen ist der perfekte Soundtrack. Nur noch ein Kapitel, dann komm ich mit ins Wasser …

EL QUE VUELVE DE UN VIAJE NO
ES LO MISMO QUE EL QUE SE FUE.
–
DERJENIGE, DER VON EINER REISE
ZURÜCKKOMMT, IST NICHT DER
GLEICHE, DER ABGEREIST IST.

SONNENSTRAHLEN AUF
DER HAUT UND SAND
UNTER DEN FÜSSEN –
GIBT ES SCHÖNERES?

KRABBENCOCKTAIL AUF AVOCADO

ZUBEREITUNG 15 MINUTEN

FÜR 4 PORTIONEN

· 300 G GEKOCHTES
  KRABBENFLEISCH
· 3 EL ZITRONEN-MAYONNAISE
  (REZEPT SEITE 92)
· 1 EL BANANA KETCHUP
  (REZEPT SEITE 78)
· SALZ
· FRISCH GEMAHLENER PFEFFER
· 1 ORANGE
· 2 AVOCADOS
· 1 EL GEHACKTE PETERSILIE

Das Krabbenfleisch, die Zitronen-Mayonnaise und das Bananen-ketchup mischen und mit Salz und Pfeffer abschmecken. Die Orange schälen, filetieren, in kleine Stücke schneiden und vorsichtig unter die Krabben heben.

Die Avocados halbieren, den Kern entfernen, die Krabbenmischung in die Mulde füllen und mit gehackter Petersilie bestreuen.

Mit einem kleinen Löffel als Besteck servieren.

TIPPS:

DIE AVOCADOS KÖNNEN AUCH KLEIN GESCHNITTEN, MIT DER KRABBENMISCHUNG VERMENGT UND AUF EINER SCHEIBE TOAST SERVIERT WERDEN. DAS BANANA KETCHUP KANN MAN DURCH FERTIGES KETCHUP UND DIE ZITRONEN-MAYONNAISE DURCH NORMALE MAYONNAISE ERSETZEN.

BANANA KETCHUP

ZUBEREITUNG 20 MINUTEN

FÜR CA. 500 ML

- 3 REIFE BANANEN
- ✶ 1 ROTE ZWIEBEL — *gelbe*
- ✶ 2 KNOBLAUCHZEHEN
- ✶ 1 SCOTCH-BONNET-CHILISCHOTE — *rote Chili*
- 2 LIMETTEN — *1/2 Limette + 1/2 Zitrone ausgepresst*
- 250 ML WASSER
- *2* 3 EL FLÜSSIGER HONIG
- 30 G ROSINEN
- *3* 60 ML APFELBALSAMESSIG — *50ml Balsamico*
- *2* 3 EL TOMATENMARK
- *3* 50 ML RUM — *Baccardi $ nä. Mal gerne besserer*
- *2* ½ TL ZIMT
- *2* ½ TL THYMIAN
- *2* 1 PRISE PIMENT
- *2* 1 PRISE FRISCH GERIEBENE MUSKATNUSS
- *2* 1 PRISE GEMAHLENE NELKEN
- 1 PRISE CAYENNEPFEFFER — *ohne*
- 2 TL SALZ

AUSSERDEM

- STABMIXER
- STERILE GLÄSER ZUM ABFÜLLEN

Die Bananen schälen und in Stücke schneiden. Die Zwiebel und die Knoblauchzehen schälen und hacken. Die Chilischote halbieren, von den Kernen befreien, waschen und in kleine Stücke schneiden. Die Limetten halbieren und auspressen. Alles zusammen in einen Topf geben und mit Wasser, Honig, Rosinen, Apfelbalsamessig, Tomatenmark und Rum zum Kochen bringen. Mit Zimt, Thymian, Piment, Muskatnuss, Nelkenpulver, Cayennepfeffer und Salz würzen. 20 Minuten bei mittlerer Hitze leise köcheln lassen.

Anschließend mit dem Stabmixer zu einer geschmeidigen Masse pürieren und nochmals mit Salz abschmecken. In sterile Gläser abfüllen, abkühlen lassen und im Kühlschrank aufbewahren.

Einkochen im Dampfgarer 90°C, 25min
nä. Mal. ev. + Petersilie?
Konsistenz ist SUPER!!!

Verarbeitung:
✶ in etwas neutralem Öl angedünstet
2. dazu, "braten"
3. ablöschen
dann den Rest

TIPP:

BANANENKETCHUP PASST BEIM BARBECUE ZU GEGRILLTEM UND SCHMECKT AUCH PRIMA AUF HAMBURGERN UND SANDWICHES.

TACOS MIT CHORIZO, PICO DE GALLO UND GUACAMOLE

ZUBEREITUNG 15 MINUTEN

FÜR 4 TACOS

· 1 EL OLIVENÖL
· 4 CHORIZO-BRATWÜRSTE
· 1 ZWIEBEL
· 1 KNOBLAUCHZEHE
· 4 TACO SHELLS
· 8 EL GUACAMOLE
  (REZEPT SEITE 82)
· 8 EL PICO DE GALLO
  (REZEPT SEITE 86)
· 1 LIMETTE

Das Olivenöl in einer Pfanne nicht zu stark erhitzen. Chorizo-Brat-würste von der Haut befreien, in kleine Stücke schneiden und in der Pfanne braten. Die Zwiebel schälen, klein hacken, mit in die Pfanne geben und bei mittlerer Hitze 6–7 Minuten braten.

Die Knoblauchzehe schälen, durch eine Knoblauchpresse direkt in die Pfanne drücken. Gut untermischen und kurz mitbraten.

Tacos mit Chorizo, Guacamole und Pico de Gallo befüllen.

Die Limette vierteln und zum Taco servieren.

TIPP:

DAZU PASSEN ALS TOPPING AUCH FRUCHTIGE SALSAS (REZEPT SEITE 84),
SALSA ROJO (REZEPT SEITE 54) UND SALSA VERDE (REZEPT SEITE 52)
ODER ETWAS SCHMAND.

GUACAMOLE

ZUBEREITUNG 10 MINUTEN

FÜR 4–6 PORTIONEN

· 2 REIFE AVOCADOS
· 2 EL LIMETTENSAFT
· 1 KNOBLAUCHZEHE
· SALZ
· 1 TOMATE
· 1 EL KORIANDERBLÄTTER

Die Avocados halbieren und jeweils den Kern vorsichtig herauslösen. Das Fruchtfleisch in einer Schale mit einer Gabel zerdrücken und mit dem Limettensaft vermischen. Die Knoblauchzehe schälen, durch eine Presse in die Avocadocreme drücken, gut vermengen und mit Salz abschmecken. Die Tomate waschen, entkernen und in kleine Stücke schneiden.

Korianderblätter über die fertige Guacamole streuen.

TIPPS:

FÜR BESONDERS CREMIGE GUACAMOLE, DIE AVOCADOS MIT DEM STABMIXER PÜRIEREN. CHILIFLOCKEN GEBEN DER AVOCADOCREME ETWAS SCHÄRFE.

DREIERLEI FRUCHTIGE SALSAS

ZUBEREITUNG JEWEILS 10 MINUTEN

FÜR JEWEILS 4 PORTIONEN
PAPAYASALSA

- 500 G PAPAYA
- 2 ZWIEBELN
- 1 ROTE CHILISCHOTE
- ½ TL BRAUNER ZUCKER
- 1 TL SENFPULVER
- 1 EL WEISSER BALSAMICO
- SALZ

MANGOSALSA

- 1 BUND FRÜHLINGSZWIEBELN
- 1 REIFE, ABER NOCH
  SCHNITTFESTE MANGO
- JE 1 ROTE CHILISCHOTE, MÖHRE
  UND GELBE PAPRIKA
- JE 1 EL SOJASAUCE, HONIG
  UND ERDNUSSÖL
- SALZ
- FRISCH GEMAHLENER PFEFFER
- 1 UNBEHANDELTE LIMETTE

ANANASSALSA

- 300 G FRISCHE ANANAS
- 1 ROTE ZWIEBEL
- ½ ROTE CHILISCHOTE
- 2 EL GEHACKTE MINZEBLÄTTER
- JE 1 EL WEISSER BALSAMICO
  LIMETTENSAFT UND ERDNUSSÖL
- SALZ

Papayasalsa: Das Fruchtfleisch der Papaya in kleine Würfel schneiden. Die Zwiebeln schälen und klein hacken. Die Chilischote halbieren, entkernen, waschen und in sehr feine Streifen schneiden. Alles mit Zucker, Senfpulver und weißem Balsamico in eine Schüssel geben und gut vermischen. Mit Salz abschmecken.

Mangosalsa: Die Frühlingszwiebeln putzen und in feine Ringe schneiden. Die Mango schälen, den Kern herauslösen und das Fruchtfleisch in kleine Stücke schneiden. Die Chilischote halbieren, entkernen, waschen und klein schneiden. Die Möhre waschen, schälen und raspeln. Die Paprika waschen, entkernen und klein schneiden. Alles zusammen mit Sojasauce, Honig und Erdnussöl in eine Schüssel geben, gut vermengen und mit Salz und Pfeffer abschmecken. Die Limette heiß abspülen, trocknen und die Schale fein abreiben. Anschließend die Limette halbieren, eine Hälfte auspressen, den Saft in die Mangosalsa gießen, mischen und mit dem Limettenabrieb bestreuen.

Ananassalsa: Das Fruchtfleisch der Ananas in kleine Würfel schneiden. Die Zwiebel schälen und klein hacken. Die Chilischote putzen, entkernen, waschen, sehr fein würfeln und alles mit den gehackten Minzeblättern, dem Balsamico, dem Limettensaft und dem Erdnussöl vermengen. Mit Salz abschmecken.

PICO DE GALLO – TOMATENSALSA

ZUBEREITUNG 15 MINUTEN

FÜR 4 PERSONEN

- 3 AROMATISCHE TOMATEN
  (CA. 200 G)
- 1 ROTE ZWIEBEL
- 1 KNOBLAUCHZEHE
- 1 KLEINE JALAPEÑO
- ½ LIMETTE
- SALZ
- FRISCH GEMAHLENER PFEFFER
- 1 EL GEHACKTER KORIANDER

Die Tomaten waschen, vierteln, entkernen, dann in kleine Stückchen schneiden und in eine Schüssel geben. Die Zwiebel schälen, fein hacken und unter die Tomate mischen. Die Knoblauchzehe schälen, durch eine Presse drücken und zu den Tomaten geben. Die Jalapeño waschen, entkernen und fein würfeln. Die Limettenhälfte auspressen.

Alles gut vermengen, mit Salz und Pfeffer abschmecken und kurz vor dem Servieren mit Koriander bestreuen.

TIPP:

PASST ALS TOPPING ZU TACOS, GEGRILLTEM
ODER ALS DIP ZU TORTILLA-CHIPS.

WARMER MAISKOLBENSALAT

ZUBEREITUNG 30 MINUTEN

FÜR 4 PORTIONEN

- 4 MAISKOLBEN
- SALZ
- 4 EL OLIVENÖL
- 2 AVOCADOS
- 200 G SCHAFSKÄSE
- 1 BUND FRÜHLINGSZWIEBELN
- 1 KNOBLAUCHZEHE
- 2 EL MAYONNAISE
- 1 TL CHILISAUCE
- ½ TL CHILIFLOCKEN
- 1 TL SOJASAUCE
- 1 SPRITZER LIMETTENSAFT
- FRISCH GEMAHLENER PFEFFER
- GEHACKTE KORIANDER- ODER PETERSILIENBLÄTTER ZUR DEKORATION

Die Maiskolben putzen, waschen und in Salzwasser ca. 15 Minuten gar kochen und abkühlen lassen. Anschließend die Maiskörner der Länge nach in Scheiben vom Kolben schneiden, in einer Pfanne mit 2 EL Olivenöl von allen Seiten braten und in eine Schüssel geben.

Die Avocados halbieren, den Kern vorsichtig herauslösen und das Fruchtfleisch in kleine Stücke schneiden. Den Schafskäse zerbröseln. Die Frühlingszwiebeln putzen, waschen und in feine Ringe schneiden. Die Knoblauchzehe schälen und fein würfeln. Alles zum Mais in die Schüssel geben und gut vermengen.

In einer weiteren Schüssel Mayonnaise, 2 EL Olivenöl, Chilisauce, Chiliflocken, Sojasauce und Limettensaft vermischen. Mit Salz und Pfeffer abschmecken und zum Maissalat geben. Mit Koriander- oder Petersilienblättern dekorieren.

Passt zu gegrilltem Fisch und Huhn (Rezept Seite 116) oder zu ofenfrischem Brot.

TIPP:

STATT DER FRISCHEN MAISKOLBEN KANN AUCH GUT ABGETROPFTER DOSENMAIS VERWENDET WERDEN.

GARNELENSPIESSE MIT AVOCADO-CHILI-DIP

ZUBEREITUNG 20 MINUTEN

FÜR 4 PORTIONEN
FÜR DIE GARNELENSPIESSE

· 1 KNOBLAUCHZEHE
· 400 G BLACK-TIGER-GARNELEN, GEKOCHT, GESCHÄLT, ENTDARMT, MIT SCHWANZSEGMENT
· 1 TL GROBES MEERSALZ
· 1 TL EDELSÜSSES PAPRIKAPULVER
· ½ TL KREUZKÜMMEL
· 2 EL OLIVENÖL

FÜR DEN AVOCADO-CHILI-DIP

· 1 REIFE AVOCADO
· 1 KNOBLAUCHZEHE
· 1 ROTE CHILISCHOTE
· 3 EL CRÈME FRAÎCHE
· 3 EL MAYONNAISE
· SALZ
· FRISCH GEMAHLENER PFEFFER
· 1 SPRITZER LIMETTENSAFT

AUSSERDEM

· 8 HOLZSPIESSE
· STABMIXER

Die Holzspieße 30 Minuten in Wasser einlegen.

Für die Garnelenspieße die Knoblauchzehe schälen, sehr fein hacken und zu den Garnelen in eine Schüssel geben. Mit Meersalz, Paprikapulver, Kreuzkümmel und Olivenöl vermischen, bis alle Garnelen gut mit der Marinade bedeckt sind. Die Garnelen eng aneinander auf die Spieße stecken. Die Spieße in Olivenöl in einer Pfanne ca. 4 Minuten von beiden Seiten braten oder auf den Grill legen.

Für den Avocado-Chili-Dip die Avocado halbieren, den Kern herauslösen und das Fruchtfleisch in eine Schüssel geben. Die Knoblauchzehe schälen und fein hacken. Die Chilischote halbieren, entkernen, waschen, klein schneiden und mit Crème fraîche, Mayonnaise und Knoblauch zur Avocado geben. Mit dem Stabmixer fein pürieren. Mit Salz, frisch gemahlenem Pfeffer und Limettensaft abschmecken.

THUNFISCH-FRIKADELLEN MIT ZITRONEN-MAYONNAISE

ZUBEREITUNG 15 MINUTEN, KOCHZEIT 20 MINUTEN

FÜR 4 PORTIONEN
FÜR DIE THUNFISCH-FRIKADELLEN

· 2 MEHLIGKOCHENDE KARTOFFELN
· SALZ
· 130 G THUNFISCH AUS DER DOSE (ABTROPFGEWICHT)
· 1 KLEINE ZWIEBEL
· 1 KNOBLAUCHZEHE
· 2 EL GEHACKTE PETERSILIE
· 1 EI (GRÖSSE M)
· FRISCH GEMAHLENER PFEFFER
· ÖL ZUM BRATEN

FÜR DIE ZITRONEN-MAYONNAISE

· 2 EIER (GRÖSSE M)
· 1 TL SENF
· 250 ML MAISKEIMÖL
· 1 EL ZITRONENSAFT
· 1 PRISE ZUCKER
· SALZ
· FRISCH GEMAHLENER PFEFFER

Für die Thunfisch-Frikadellen die Kartoffeln schälen, waschen, in Würfel schneiden, in Salzwasser garen und fein pürieren. Thunfisch aus der Dose abtropfen lassen und mit der Gabel zerkleinern.

Die Zwiebel schälen und sehr fein hacken. Knoblauch schälen und pressen. Kartoffelpüree, Thunfisch, Zwiebeln, Knoblauch und gehackte Petersilie mit einem aufgeschlagenen Ei in eine Schüssel geben und gut vermengen. Mit Salz und Pfeffer abschmecken und aus der Mischung Frikadellen formen.

Öl in einer Pfanne erhitzen und die Thunfischtaler darin von beiden Seiten braten.

Für die Zitronen-Mayonnaise die Eier trennen, die Eigelbe in eine Schüssel geben und mit dem Senf mit einem Schneebesen aufschlagen. Das Öl langsam in einem ganz feinen Strahl zum Eigelb gießen, dabei kräftig rühren, bis die Masse bindet und langsam zu einer cremigen Mayonnaise wird. Den Zitronensaft unterrühren und mit einer Prise Zucker, Salz und Pfeffer würzen.

Die Zitronen-Mayonnaise zu den heißen Thunfischfrikadellen servieren.

TIPP:

ZU DEN FRIKADELLEN PASST AUCH DAS BANANA KETCHUP (REZEPT SEITE 78). AUS DER ZITRONEN-MAYONNAISE WIRD MIT EINER AUSGEDRÜCKTEN KNOBLAUCHZEHE EINE AIOLI.

POR LA TARDE

—

ABENDS

WAS ESSEN WIR ZU
SPÄTER STUNDE?

EL AMOR ENTRA POR LA COCINA.

„Liebe geht durch den Magen" – so könnte man das spanische Sprichwort frei übersetzen. Und treffender lässt sich unsere Liebe zur Karibik auch kaum beschreiben, denn es ist vor allem die karibische Küche, die es uns angetan hat: fangfrischer Fisch, direkt vor unseren Augen aus dem türkisfarbenen Meer geholt, süße Früchte, deren Saft über unsere Lippen rinnt, die Schärfe gerade erst gepflückter Chilischoten, von denen jede Sorte ein anderes Aroma besitzt … Und dazu die Gewürze, deren Name allein uns von fernen Orten und weißen Stränden träumen lässt: Piment, Langer Koriander, cilantro genannt, Currys, Sofrito, eine scharfe Würzsauce – all das lässt unsere kulinarischen Herzen im südlich-heißen Takt schlagen.

DIE UNTERGEHENDE
SONNE – ALLES WIRD
RUHIGER – EINFACH NUR
IM HIER UND JETZT SEIN!

ALBÓNDIGAS EN SALSA DE TOMATE

ZUBEREITUNG 40 MINUTEN

FÜR 4 PORTIONEN
FÜR DIE HACKFLEISCH-BÄLLCHEN

· 50 G SEMMELBRÖSEL
· 10 EL WASSER
· 2 KNOBLAUCHZEHEN
· 1 KLEINE ZWIEBEL
· 500 G RINDERHACK
· 1 EL SOJASAUCE
· SALZ
· FRISCH GEMAHLENER PFEFFER
· 4 EL ÖL ZUM BRATEN

FÜR DIE TOMATENSAUCE

· 2 ZWIEBELN
· 1 ROTE PAPRIKA
· 2 EL OLIVENÖL
· 60 ML WEISSWEIN
· 200 ML RINDERFOND
· 400 G STÜCKIGE DOSENTOMATEN
· 1 EL TOMATENMARK
· SALZ
· FRISCH GEMAHLENER PFEFFER
· 1 ROTE CHILISCHOTE
· 1 EL SPEISESTÄRKE
· 2 EL KALTES WASSER

AUSSERDEM

· 2 EL GEHACKTE PETERSILIE

Für die Hackfleischbällchen die Semmelbrösel in einer Schüssel mit 10 EL Wasser vermischen. Die Knoblauchzehen und die Zwiebel schälen, fein würfeln, mit dem Rinderhack in die Schüssel geben und verkneten. Die Sojasauce untermischen, die Masse mit Salz und Pfeffer würzen und zu kleinen Hackbällchen formen. Öl in einer Pfanne erhitzen, die Hackbällchen von allen Seiten gut anbraten und beiseitestellen.

Für die Tomatensauce die Zwiebeln schälen und fein würfeln. Die Paprika putzen, waschen und in kleine Würfel schneiden. Olivenöl in einem Topf oder einer tiefen Pfanne erhitzen und die Zwiebel- und Paprikawürfel anschwitzen. Mit Weißwein und Rinderfond ablöschen. Die Dosentomaten und das Tomatenmark dazugeben, mit Salz und Pfeffer würzen und kurz aufkochen. Die Chilischote halbieren, entkernen, waschen und sehr fein würfeln. Mit den Hackbällchen in die Tomatensauce geben und 20 Minuten leise köcheln lassen. Speisestärke in kaltem Wasser auflösen und die Sauce damit binden.

Petersilie über die Hackfleischbällchen streuen und mit Bohnenreis (Rezept Seite 121), Kartoffeln in Salzkruste (Rezept Seite 50) oder mit Maisbrötchen (Rezept Seite 104) servieren.

FESTIVAL – IN DER PFANNE FRITTIERTE MAISBRÖTCHEN

ZUBEREITUNG 20 MINUTEN, RUHEZEIT 30 MINUTEN

FÜR 6 PORTIONEN

- 100 G MAISMEHL
- 100 G WEIZENMEHL
- 2 TL BACKPULVER
- ½ TL SALZ
- 1 TL BRAUNER ZUCKER
- 1 EI
- EISWASSER
- 400 ML ÖL ZUM FRITTIEREN

Maismehl mit Weizenmehl, Backpulver, Salz und braunem Zucker in einer Schüssel vermengen. Das Ei verquirlen, dazugeben und langsam löffelweise eiskaltes Wasser zugeben, bis ein glatter, geschmeidiger Teig entsteht. Daraus eine Kugel formen, in Folie wickeln und 30 Minuten im Kühlschrank ruhen lassen.

Anschließend 6 gleich große Teile vom Teig abstechen, zu kleinen Kugeln formen und flach drücken.

Das Öl in einer großen Pfanne erhitzen und die Teigfladen von beiden Seiten goldbraun ausbacken.

Auf Küchenpapier abtropfen lassen und noch warm z.B. zu Jerk Chicken (Rezept Seite 116), Picadillo (Rezept Seite 58) oder Albóndigas en Salsa de Tomate (Rezept Seite 102) servieren.

TIPP:

DIESE BRÖTCHEN WERDEN TRADITIONELL MIT MAISMEHL GEBACKEN. ES KANN AUCH DURCH WEIZENMEHL ERSETZT WERDEN.

SOPA DE PESCADO – FISCHSUPPE

ZUBEREITUNG 30 MINUTEN, MARINIERZEIT 1 STUNDE

FÜR 4 PORTIONEN

· 2 KNOBLAUCHZEHEN
· 2 SCHALOTTEN
· 1 KLEINE ROTE CHILISCHOTE
· 2 ZWEIGE THYMIAN
· SALZ
· 1 ZITRONE
· 3 GEWÜRZNELKEN
· 600 G GEMISCHTE FISCHFILETS
· 4 EL OLIVENÖL
· 200 G KIRSCHTOMATEN
· 1 FENCHELKNOLLE
· 5 CL WERMUT
· 500 ML FISCHFOND
· 100 ML SAHNE
· 1 EL SPEISESTÄRKE
· 2 EL KALTES WASSER
· FRISCH GEMAHLENER PFEFFER

Die Knoblauchzehen schälen und in feine Scheiben schneiden. Die Schalotten schälen und fein hacken. Die Chilischote halbieren, entkernen, waschen und klein schneiden. Die Thymianzweige waschen, trocknen und die Blätter abzupfen. Alles in eine Schüssel geben, salzen und leicht zerdrücken. Die Zitrone auspressen und mit den Gewürznelken daruntermischen. Die Fischfilets waschen, trocken tupfen, in Stücke schneiden, mit in die Schüssel geben und gut vermischt eine Stunde im Kühlschrank marinieren.

In einer hochwandigen Pfanne 3 EL Olivenöl erhitzen und den fertig marinierten Fisch kurz von allen Seiten anbraten, herausnehmen, beiseitelegen und warm halten.

Die gewaschenen Tomaten mit 1 EL Olivenöl in die Pfanne geben, leicht schmelzen lassen, bis Saft austritt. Die Fenchelknolle putzen, das Grün hacken und beiseitelegen. Die Knolle halbieren, den Strunk herausschneiden, die Knolle in feine Scheiben schneiden, dazugeben und kurz schmoren lassen. Mit Wermut ablöschen, Fischfond und Sahne zugießen und 5 Minuten leise köcheln lassen. Speisestärke mit 2 EL kaltem Wasser anrühren und die Suppe damit binden. Gewürznelken entfernen, mit Salz und frisch gemahlenem Pfeffer abschmecken.

Die Fischfiletstückchen vorsichtig in die Suppe legen und mit dem Grün der Fenchelknolle bestreuen.

Dazu passen Baguette oder selbst gebackene Maisbrötchen (Rezept Seite 104) und Zitronen-Mayonnaise (Rezept Seite 92).

COCONUT CHICKEN

ZUBEREITUNG 40 MINUTEN, MARINIERZEIT 1 STUNDE

FÜR 4 PORTIONEN

· 4 HÄHNCHENBRUSTFILETS
· 20 G INGWER
· 2 KNOBLAUCHZEHEN
· 2 EL SOJASAUCE
· 3 EL FLÜSSIGER HONIG
· 2 EL CURRYPULVER
· 2 MÖHREN
· 1 BUND FRÜHLINGSZWIEBELN
· 2 EL OLIVENÖL
· 100 G GRÜNE ERBSEN (TK)
· 250 ML KOKOSMILCH
· SALZ
· FRISCH GEMAHLENER PFEFFER
· REIS ZUM SERVIEREN

Die Hähnchenbrustfilets in mundgerechte Stücke schneiden. Ingwer schälen und fein reiben, Knoblauchzehen schälen und klein hacken. Alles mit Sojasauce, Honig und Currypulver in einer Schüssel vermengen und im Kühlschrank mindestens eine Stunde marinieren.

Die Möhren schälen und in feine Scheiben schneiden, die Frühlingszwiebeln putzen und in Ringe schneiden. Das Olivenöl in einer Pfanne erhitzen und die fertig marinierten Hähnchenstücke 5 Minuten braten. Dabei immer wieder gut umrühren. Möhrenscheiben, Frühlingszwiebeln und Erbsen dazugeben und Kokosmilch unterrühren. Mit Salz und Pfeffer abschmecken, ca. 5 Minuten leise köcheln lassen und mit Reis servieren.

Dazu passt Ananassalsa (Rezept Seite 84).

TIPP:
STATT DER KOKOSMILCH KANN AUCH SAHNE VERWENDET WERDEN.

OXTAIL STEW – GESCHMORTER OCHSENSCHWANZ

ZUBEREITUNG 20 MINUTEN, KOCHZEIT MINDESTENS 3 STUNDEN

FÜR 4 PORTIONEN

· 4 EL BRAUNER ZUCKER
· 1.5 KG OCHSENSCHWANZ-STÜCKE
· 300 ML RINDERFOND
· 2 ZWIEBELN
· 2 KNOBLAUCHZEHEN
· 1 SCOTCH-BONNET-CHILISCHOTE
· 6 PIMENTKÖRNER
· 6 ZWEIGE THYMIAN
· 1 TL EDELSÜSSES PAPRIKAPULVER
· 1 EL SOJASAUCE
· 1 TL WORCESTERSHIRESAUCE
· 2 EL TOMATENMARK
· 200 G WEISSE BOHNEN AUS
  DER DOSE (ABTROPFGEWICHT)
· SALZ
· FRISCH GEMAHLENER PFEFFER

AUSSERDEM

· SCHMORTOPF

Den Zucker in einem Schmortopf schmelzen. Die Ochsenschwanz-Stücke in den Topf geben und kräftig von allen Seiten gleichmäßig anbraten. Mit 50 ml Rinderbrühe ablöschen.

Die Zwiebeln und die Knoblauchzehen schälen und fein würfeln. Die Scotch-Bonnet-Chilischote halbieren, entkernen, waschen und klein schneiden. Alles zusammen mit den Pimentkörnern, den Thymianzweigen und dem Paprikapulver zum Fleisch geben. Mit 100 ml Rinderfond auffüllen und Sojasauce, Worcestershiresauce und Tomatenmark einrühren.

Alles kräftig umrühren und mindestens 3 Stunden bei mittlerer Hitze mit geschlossenem Deckel köcheln lassen. Dabei immer wieder den restlichen Rinderfond nachgießen. Nach ca. 2 Stunden Garzeit die weißen Bohnen abtropfen lassen und die restliche Zeit mitkochen. Mit Salz und Pfeffer abschmecken.

TIPP:
JE NACH GRÖSSE DER FLEISCHSTÜCKE VARIIERT DIE GARZEIT. DAS FLEISCH SOLLTE SICH EINFACH VOM KNOCHEN LÖSEN LASSEN.

JAMBALAYA – REISPFANNE MIT GEMÜSE, HUHN UND GARNELEN

ZUBEREITUNG 1 STUNDE

FÜR 4 PORTIONEN

- 1 STANGE LAUCH
- 1 STANGE STAUDENSELLERIE
- 1 BUND FRÜHLINGSZWIEBELN
- 1 GEHACKTE ZWIEBEL
- 2 GEHACKTE KNOBLAUCHZEHEN
- 1 FEIN GEWÜRFELTE ROTE CHILISCHOTE
- 1 KLEIN GEWÜRFELTE MÖHRE
- ½ KLEIN GEWÜRFELTE GRÜNE PAPRIKA
- ½ KLEIN GEWÜRFELTE ROTE PAPRIKA
- 2 IN WÜRFEL GESCHNITTENE HÄHNCHENBRUSTFILETS
- 2 EL CAJUN-GEWÜRZMISCHUNG (REZEPT SEITE 44)
- 2 EL OLIVENÖL
- SALZ
- 150 G WÜRZIGE CHORIZO-SCHEIBEN
- 1 EL TOMATENMARK
- 200 G GESCHÄLTE TOMATEN AUS DER DOSE
- 200 G LANGKORNREIS
- 500 ML GEFLÜGELFOND
- 16 GARNELEN
- FRISCH GEMAHLENER PFEFFER

Die Lauch- und die Selleriestange sowie die Frühlingszwiebeln waschen, putzen und in Ringe schneiden. Zwiebel, Knoblauchzehen, Chilischote, Frühlingszwiebeln, Möhre sowie grüne und rote Paprika in eine Schüssel geben und beiseitestellen.

Die Hähnchenbrustfilets mit 1 EL Cajun-Gewürz mischen. In einer großen Pfanne 1 EL Olivenöl erhitzen, das Fleisch darin braten, salzen, beiseitestellen und warm halten. Die Pfanne weiterverwenden und die Chorizo-Scheiben darin kross braten. Das vorbereitete Gemüse zur Chorizo in die Pfanne geben und kurz anbraten. Tomatenmark und Tomaten aus der Dose untermischen, mit Cajun-Gewürz abschmecken, gut verrühren und 5 Minuten schmoren.

Den Reis direkt in diese Pfanne rieseln lassen, mit Geflügelfond aufgießen und 20–25 Minuten bei mittlerer Hitze leise köcheln, bis der Reis gar ist. Dabei immer wieder umrühren. Kurz vor Ende der Garzeit die Garnelen in 1 EL Olivenöl von jeder Seite 2–3 Minuten in einer weiteren Pfanne braten. Auch hier mit Cajun-Gewürz abschmecken.

Die Hähnchenbrustfiletwürfel und die Garnelen unter den Reis mischen, alles noch einmal kurz erhitzen, mit Salz und Pfeffer würzen und mit frisch gehackter Petersilie servieren.

MAISSCHAUMSÜPPCHEN MIT CHORIZO UND KARAMELLISIERTEM MAIS

ZUBEREITUNG 20 MINUTEN

FÜR 4 PORTIONEN
FÜR DIE SUPPE

· 3 SCHALOTTEN
· 1 EL RAPSÖL
· 300 G FRISCHE MAISKÖRNER
· 100 ML WEISSWEIN
· 500 ML GEMÜSEFOND
· 200 ML SAHNE
· SALZ
· FRISCHER PFEFFER AUS
  DER MÜHLE
· MUSKATNUSS
· FIRE OIL (REZEPT SEITE 46)

FÜR DAS TOPPING

· 1 EL BUTTER
· 1 EL HONIG
· 50 G FRISCHE MAISKÖRNER
· 16 KLEINE CHORIZO-
  WURSTSCHEIBEN

AUSSERDEM

· STABMIXER

Die Schalotten schälen, in kleine Würfel schneiden und in Rapsöl glasig anschwitzen. Die Maiskörner zugeben und mitdünsten. Mit Weißwein ablöschen und diesen fast vollständig verdampfen lassen. Gemüsefond und Sahne aufgießen, aufkochen und 15 Minuten leise köcheln lassen.

Die Maissuppe mit dem Stabmixer fein und cremig pürieren. Mit Salz, frischem Pfeffer aus der Mühle, geriebener Muskatnuss und einigen Tropfen Fire Oil abschmecken.

Butter in einer Pfanne erhitzen, Honig und Maiskörner zugeben und karamellisieren. Die Chorizo-Wurstscheiben scharf anbraten und mit den Maiskörnern zusammen auf der Suppe anrichten.

Dazu passen in der Pfanne frittierte Maisbrötchen (Rezept Seite 104) oder Baguette.

TIPP:

BESONDERS FEIN WIRD DIE SUPPE, WENN SIE VOR DEM SERVIEREN DURCH EIN SIEB GESTRICHEN WIRD.

JERK CHICKEN – WÜRZIG MARINIERTES HUHN

ZUBEREITUNG 45 MINUTEN, MARINIERZEIT 1 STUNDE, BACKZEIT 45 MINUTEN

FÜR 4 PORTIONEN

- 2 SCHALOTTEN
- 3 KNOBLAUCHZEHEN
- 10 G FRISCHER INGWER
- 1 ROTE CHILISCHOTE
- 2 EL SCHARFER SENF
- 1 EL BRAUNER ZUCKER
- 1 PRISE GERIEBENE MUSKATNUSS
- 1 MSP. CAYENNEPFEFFER
- ½ TL PIMENTPULVER
- 1 TL ZIMTPULVER
- 30 ML MILDER WEISSWEINESSIG
- 100 ML OLIVENÖL
- SALZ
- FRISCH GEMAHLENER PFEFFER
- 4 HÄHNCHENSCHENKEL MIT HAUT
- 3 EL ÖL ZUM BRATEN

AUSSERDEM

- STABMIXER

Für die Jerk-Gewürzmischung die Schalotten und die Knoblauchzehen schälen und klein würfeln. Den Ingwer schälen und fein reiben. Die Chilischote halbieren, entkernen, waschen und klein schneiden. Alles mit Senf, braunem Zucker, Muskatnuss, Cayennepfeffer, Piment- und Zimtpulver in eine Schüssel geben, Weißweinessig und Olivenöl zugießen und mit dem Stabmixer zu einer geschmeidigen Sauce verarbeiten. Mit Salz und Pfeffer abschmecken.

Die Hähnchenschenkel abspülen, trocken tupfen, von allen Seiten mit der Jerk-Gewürzmischung einreiben und mindestens 1 Stunde im Kühlschrank marinieren. Restliche Marinade beiseitestellen.

Den Backofen auf 200 °C Ober-/Unterhitze vorheizen.

Öl in einer Pfanne erhitzen, die Hähnchenschenkel von allen Seiten braun anbraten, auf ein Backblech legen und ca. 45 Minuten in der Mitte des Ofens backen. Die Hähnchenschenkel zwischendurch mit der restlichen Jerk-Gewürzmischung bestreichen und wenden. Die letzten 2–3 Minuten den Grill anschalten und die Hähnchenteile mit der Hautseite nach oben knusprig grillen.

Dazu passen fruchtige Salsas (Rezept Seite 84), Reis mit schwarzen Bohnen (Rezept Seite 121) oder warmer Maiskolbensalat (Rezept Seite 88).

TIPP:

MIT DEM JERK-GEWÜRZ LASSEN SICH AUCH FISCHFILETS, KARTOFFELN, STEAKS, HACKFLEISCH, KOTELETTS ODER HÄHNCHENBRUSTFILETS WÜRZEN.

OFENLACHS MIT KREOLISCHER SAUCE

ZUBEREITUNG 1 STUNDE

FÜR 4 PORTIONEN

· 800 G LACHSFILET AM STÜCK
  MIT HAUT
· 1 EL OLIVENÖL
· 1 EL GEHACKTE ROSMARINNADELN
· SAFT EINER HALBEN ZITRONE
· 40 G FLÜSSIGE BUTTER
· MEERSALZ
· FRISCH GEMAHLENER PFEFFER

Den Ofen auf 190 °C Ober-/Unterhitze vorheizen.

Den Fisch unter fließendem kaltem Wasser abspülen und mit Küchenpapier trocken tupfen. Ein Backblech mit Backpapier auslegen, mit Olivenöl bestreichen und den Fisch mit der Hautseite nach unten darauflegen. Die gehackten Rosmarinnadeln mit dem Zitronensaft vermengen. Die Butter auf dem Fisch verteilen und die Rosmarinmischung auf dem Fisch verstreichen. Kräftig mit Salz und Pfeffer bestreuen und im heißen Backofen 15–20 Minuten auf der zweiten Schiene von unten backen.

Das Backblech mit dem Fisch aus dem Ofen nehmen. Den Lachs mit Hilfe zweier Esslöffel auseinanderzupfen und portionsweise mit Reis und kreolischer Sauce (Rezepte Seite 120 und 121) servieren.

KREOLISCHE SAUCE – SAUCE CRÉOLE

ZUBEREITUNG 1 STUNDE

FÜR 4 PORTIONEN

- 1 BUND FRÜHLINGSZWIEBELN
- 1 KNOBLAUCHZEHE
- 1 ROTE CHILISCHOTE
- 1 STANGE STAUDENSELLERIE
- 8 KIRSCHTOMATEN
- 4 EL OLIVENÖL
- 3 EL FRISCHE THYMIANBLÄTTCHEN
- 2 EL LIMETTENSAFT
- SALZ
- FRISCH GEMAHLENER PFEFFER

AUSSERDEM

- STABMIXER

Für die kreolische Sauce die Frühlingszwiebeln waschen, putzen und in Ringe schneiden. Die Knoblauchzehe schälen und fein hacken. Die Chilischote halbieren, von den Kernen befreien, waschen und fein würfeln. Die Staudenselleriestange putzen, säubern und in Scheiben schneiden.

Die gewaschenen Kirschtomaten mit 2 EL Olivenöl in einem Topf anschmoren, bis der Saft aus den Tomaten austritt. Dann die Frühlingszwiebeln, den Knoblauch, die Chilischote, den Staudensellerie und die Thymianblättchen dazugeben, mitschmoren und 5 Minuten leise köcheln lassen. Mit dem Stabmixer zu einer Sauce pürieren, die restlichen 2 EL Olivenöl zugießen und mit Limettensaft, Salz und Pfeffer abschmecken.

REIS MIT SCHWARZEN BOHNEN UND KOKOSMILCH

ZUBEREITUNG 1 STUNDE

FÜR 4 PORTIONEN

· 1 ZWIEBEL
· 1 KNOBLAUCHZEHE
· 1 EL OLIVENÖL
· 400 ML KOKOSMILCH
· 2 GEWÜRZNELKEN
· 2 PIMENTKÖRNER
· 2 PFEFFERKÖRNER
· 1 DOSE SCHWARZE BOHNEN
  (ABTROPFGEWICHT 225 G)
· 1 TL THYMIANBLÄTTER
· 200 G LANGKORNREIS
· SALZ
· FRISCH GEMAHLENER PFEFFER
· EVTL. ETWAS GEMÜSEBRÜHE
· 4 SCHEIBEN BACON
· 2 EL GEHACKTE PETERSILIE

AUSSERDEM

· GEWÜRZSÄCKCHEN

Für den Reis die Zwiebel und die Knoblauchzehe schälen, fein hacken und in einem Topf mit Olivenöl andünsten. Kokosmilch zugießen und zum Kochen bringen.

Gewürznelken, Piment- und Pfefferkörner in ein Gewürzsäckchen füllen. Die Bohnen aus der Dose durch ein Sieb schlagen, abspülen, mit dem Gewürzsäckchen und dem Thymian in den Topf geben und kurz aufkochen. Den Reis dazustreuen, gut vermengen und alles 20–25 Minuten leise köcheln lassen. Dabei immer wieder umrühren. Mit Salz und Pfeffer würzen und bei Bedarf etwas Wasser oder Gemüsebrühe zugießen. Die Bacon-Scheiben in einer Pfanne kross anbraten, etwas abkühlen lassen und in kleine Stücke brechen. Gewürzsäckchen entfernen und den Reis mit der gehackten Petersilie und den Bacon-Stückchen bestreuen.

TIPP:
STATT DER SCHWARZEN KÖNNEN AUCH
ROTE BOHNEN VERWENDET WERDEN.

POSTRES

—

DESSERTS

A FALTA DE PAN, BUENAS SON TORTAS.

„Mangelt es an Brot, ist Kuchen eine gute Alternative" – besser könnte man die karibische Philosophie, aus allem das Beste zu machen, nicht ausdrücken als durch dieses Sprichwort. Denn wir wissen: Nach jedem Sturm kommt auch wieder ein sonniger Tag, an dem das Leben gleich viel besser aussieht. Und wie sollte man auch weniger optimistisch sein angesichts strahlenden Sonnenscheins und schneeweißer Strände? Und spätestens, wenn wir die köstlichen karibischen Desserts aus exotischen Ananas und Mango oder frischen Kokosnüssen genießen, könnte das Leben nicht schöner sein.

UN BESO
PARA MI AMOR!

EIS-POPS MIT PASSIONS-FRUCHT, ANANAS UND MANGO

ZUBEREITUNG 10 MINUTEN, KÜHLZEIT 8 STUNDEN

FÜR 10 STÜCK À CA. 60 ML

· 500 G GRIECHISCHER JOGHURT
· 70 G PUDERZUCKER
· SAFT EINER ZITRONE
· 180 G FRISCHE ANANAS
· 180 G VOLLREIFE MANGO
· 2 PASSIONSFRÜCHTE

Den Joghurt mit dem Puderzucker und dem Zitronensaft mischen.

Das Ananas- und Mangofruchtfleisch klein schneiden, die Passionsfrüchte halbieren und das Mark mit einem Löffel herauskratzen. Mit dem Stabmixer pürieren und mit der Joghurtmischung vermengen.

Die Masse in die Eisformen einfüllen und mit Holzstäbchen versehen.

Mindestens 8 Stunden ins Tiefkühlfach stellen.

TIPP:

DIE KERNE DER PASSIONSFRUCHT KÖNNEN VOR DEM PÜRIEREN DURCH EIN KLEINES SIEB PASSIERT WERDEN. DIE EIS-POPS SEHEN HÜBSCH AUS, WENN GESCHNITTENE FRÜCHTE MIT EINGEFROREN WERDEN.

FRUCHTSALAT MIT MASCARPONECREME

ZUBEREITUNG 20 MINUTEN, KÜHLZEIT MINDESTENS 2 STUNDEN

FÜR 4 PORTIONEN
FÜR DIE MASCAR-PONECREME

· 1 EI (GRÖSSE M)
· 125 G FEINER ZUCKER
· 250 G MASCARPONE

FÜR DEN FRUCHTSALAT

· 1 FRISCHE ANANAS
· 1 MANGO
· 1 ORANGE
· 1 BANANE
· ½ CANTALOUPE-MELONE
· 6 MINI-KIWIS
· 1 ZITRONE

AUSSERDEM

· MELONENAUSTECHER

Für die Mascarponecreme das Ei trennen. Eigelb und Zucker mit dem Schneebesen verrühren. Mascarpone zugeben und kräftig unterrühren. Das Eiweiß in einer kleinen Schüssel steif schlagen und mit einem Löffel oder dem Schneebesen unter den Mascarpone ziehen. Abdecken und im Kühlschrank mehrere Stunden kalt stellen.

Für den Fruchtsalat die Ananas schälen, halbieren, vom Strunk befreien und in Scheiben schneiden. Die Mango schälen, entlang des Kerns zwei Hälften abschneiden und das Fruchtfleisch klein würfeln. Die Orange schälen und filetieren. Die Banane schälen und in Scheiben schneiden. Mit einem Melonenausstecher aus der Cantaloupe-Melone kleine Kugeln herauslösen. Die Mini-Kiwis waschen und halbieren. Die Zitrone halbieren, auspressen und den Saft mit den Früchten mischen.

Die Mascarponecreme gut gekühlt zu den gemischten Früchten servieren.

CHURROS – SPRITZGEBÄCK MIT SCHOKOLADENSAUCE

ZUBEREITUNG 30 MINUTEN, RUHEZEIT 30 MINUTEN

FÜR CA. 20 STÜCK
FÜR DIE CHURROS

- 400 ML WASSER
- 70 G WEICHE BUTTER
- 50 G ZUCKER
- 1 PRISE SALZ
- 250 G MEHL
- 2 EIER
- 1 L FRITTIERFETT
- ZIMT-ZUCKER-MISCHUNG

FÜR DIE SCHOKOLADENSAUCE

- 200 G SAHNE
- 1 PRISE SALZ
- 50 G BUTTER
- 1 TL GEMAHLENE VANILLE
- 100 G ZARTBITTERSCHOKOLADE

AUSSERDEM

- SPRITZTÜLLE MIT STERNAUFSATZ

Für die Churros Wasser, Butter, Zucker und Salz kurz aufkochen. Den Topf von der Herdplatte ziehen, das Mehl mit einem Kochlöffel unter die heiße Flüssigkeit mischen und zu einem glatten Teig vermengen. Anschließend den Topf wieder auf die Herdplatte stellen und unter ständigem Rühren wieder erhitzen. Dabei den Teig ca. 1 Minute „anbrennen", bis sich eine weiße Schicht am Boden des Topfes gebildet hat. Die Masse in eine Rührschüssel umfüllen, die Eier mit den Knethaken eines Mixers einarbeiten und zu einem glatten, zähen Teig verarbeiten. Abgedeckt 30 Minuten im Kühlschrank ruhen lassen.

Das Öl in einer Fritteuse oder in einem großen Topf erhitzen. Den Teig in eine Spritztülle mit Sternaufsatz füllen, daraus direkt in das heiße Öl ca. 10 cm lange Teigstreifen gleiten lassen und ausbacken, bis sie goldbraun sind. Zum Abtropfen auf Küchenpapier legen und noch heiß in der Zimt-Zucker-Mischung wälzen.

Für die Schokoladensauce Sahne, Salz, Butter und Vanille in einem Topf langsam erhitzen, bis die Butter geschmolzen ist. Die Schokolade klein hacken, mit in den Topf geben und langsam schmelzen lassen.

Die Churros lauwarm mit Schokoladensauce als Dip servieren.

HELADO DE COCO – KOKOSEIS

ZUBEREITUNG 30 MINUTEN, TIEFKÜHLZEIT MINDESTENS 5 STUNDEN

FÜR 4–6 PORTIONEN

· 180 G KOKOSCREME
· 100 G FEINER WEISSER ZUCKER
· 1 PÄCKCHEN VANILLEZUCKER
· ¼ TL SALZ
· 4 EIER (GRÖSSE M)
· 350 ML SAHNE
· KOKOS-CHIPS ZUR DEKORATION

AUSSERDEM

· BRATTHERMOMETER

In einem kleinen Topf die Kokoscreme unter Rühren mit Zucker, Vanillezucker und Salz erhitzen, bis sie flüssig wird und sich der Zucker aufgelöst hat. Den Topf vom Herd nehmen.

Die Eier trennen, die Eigelbe in einer Schüssel verquirlen, in die etwas abgekühlte, aber noch warme Kokosmasse gießen und dabei ständig mit einem Schneebesen rühren. Die Masse langsam wieder auf ca. 80 °C erhitzen, für 8–10 Minuten diese Temperatur halten und rühren, bis die Masse eindickt. Die Temperatur lässt sich mit dem Bratthermometer kontrollieren. Damit die Eigelbe nicht stocken, darf die Masse nicht kochen. Anschließend vollständig abkühlen lassen.

Die Sahne steif schlagen, unter die kalte Kokosmasse heben. In eine Schale füllen, verschließen und mindestens 5 Stunden ins Tiefkühlfach stellen.

Das Eis vor dem Servieren antauen und zur Dekoration mit Kokoschips bestreuen.

TIPP:

DAZU PASSEN AUCH GUAVENKOMPOTT (REZEPT SEITE 138) ODER FRISCHE FRÜCHTE.

BANANAS CALYPSO – GEBACKENE BANANEN MIT GUAVENKOMPOTT

ZUBEREITUNG 40 MINUTEN

FÜR 4 PORTIONEN
FÜR DAS GUAVENKOMPOTT

- 6 GUAVEN
- 50 G ZUCKER
- 1 PÄCKCHEN VANILLEZUCKER
- SAFT VON 1 ZITRONE
- SAFT VON 1 ORANGE
- 1 VANILLESCHOTE
- 1 STERNANIS
- 1 PRISE MUSKAT

FÜR DIE GEBACKENEN BANANEN

- 50 G BUTTER
- 1 LIMETTE
- 1 ORANGE
- 40 G BRAUNER ZUCKER
- 1 PRISE ZIMT
- 4 BANANEN
- 4 EL RUM

AUSSERDEM

- 4 FEUERFESTE FÖRMCHEN

Für das Guavenkompott die Früchte schälen, halbieren, entkernen und in kleine Stücke schneiden. Zucker und Vanillezucker in einem Topf karamellisieren, mit Zitronen- und Orangensaft ablöschen Die Vanilleschote längs aufschneiden, das Mark herauskratzen, mit Sternanis und Muskat in den Topf geben, 20 Minuten leise köcheln, dann abkühlen lassen und in den Kühlschrank stellen.

Backofen auf 200 °C Ober-/Unterhitze vorheizen.

Butter in einem kleinen Topf bei niedriger Temperatur schmelzen. Limette und Orange auspressen, mit der geschmolzenen Butter, dem Zucker und dem Zimt mischen.

Die Bananen schälen, auf ein mit Backpapier ausgelegtes Backblech platzieren und mit der Buttermischung rundum bestreichen. Auf der mittleren Schiene jede Seite jeweils 3–4 Minuten backen.

Die Bananen herausnehmen, in Scheiben schneiden, in 4 feuerfeste Förmchen oder eine große Form füllen. Restliches Buttergemisch und den Rum über die Bananenscheiben geben. Die Bananenscheiben wieder auf der mittleren Schiene platzieren und weitere 5 Minuten backen.

Heiß mit gekühltem Guavenkompott servieren.

MANGOCREME MIT PASSIONSFRUCHT-TOPPING

ZUBEREITUNG 40 MINUTEN, KÜHLZEIT CA. 2,5 STUNDEN

FÜR 4 PORTIONEN

- 1 REIFE MANGO (CA. 500 G)
- 1 LIMETTE
- 40 G FLÜSSIGER HONIG
- 3 BLÄTTER GELATINE
- 200 ML KALTE SAHNE
- 4 PASSIONSFRÜCHTE

Die Mango schälen, vom Kern schneiden und klein würfeln. Die Limette auspressen, mit dem Mango-Fruchtfleisch und dem Honig fein pürieren. Die Gelatineblätter nach Packungsangabe in kaltem Wasser einweichen, ausdrücken, in einen Topf geben und unter ständigem Rühren erwärmen und auflösen. Einige Esslöffel vom kalten Mango-Püree mit dem Schneebesen unter die Gelatine rühren. Nach und nach das restliche Püree zugeben und unterrühren. 15–20 Minuten in den Kühlschrank stellen, bis die Masse am Rand leicht fest wird.

In der Zwischenzeit die Sahne steif schlagen und nach der Kühlzeit unter das Mangopüree heben. In Gläser oder Schälchen füllen und mindestens zwei Stunden kalt stellen.

Passionsfrüchte halbieren, das Fruchtfleisch mit einem Löffel herauskratzen, nach Ende der Kühlzeit auf die Gläser verteilen und sofort servieren.

TIPP:

AUSSERHALB DER SAISON KANN FERTIGES MANGOPÜREE VERWENDET WERDEN.

TO DRINK

NATURAL FLAVORADE WATER
Jamaica, Tamarind, Horchata
Limonade $3 usd

COLD COCONUT ‹ $4 usd
SODAS ‹$3 usd   BEER ‹$4 usd

COCKTAILS $8 usd
MARGARITA, MOJITO
PIÑA COLADA, COCO LOCO

RED & WHITE WINE ‹ $8 usd

BEBIDAS

—

GETRÄNKE

KÜHLE DRINKS UNTER
DER HEISSEN SONNE

VIVE, BAILA Y BESA LA VIDA.

„Lebe, tanze und küsse das Leben." – Was gibt es Schöneres, als zum Essen und Kochen mit anderen zusammenzukommen und zu teilen? Wir haben Lust, neue und exotische Rezepte auszuprobieren. Jeder bringt etwas mit, und so entsteht ein bunter Mix aus Köstlichkeiten, je unterschiedlicher, desto besser. Man isst, trinkt, lacht und tanzt miteinander. Es gibt selbst gemachte Limonaden in großen Karaffen und Kokoseis als süßen Abschluss. Und das Tüpfelchen auf dem karibischen i: ein eisgekühlter Mojito, der uns die tropischen Abende unter Palmen versüßt.

BRENNENDE HITZE UND EIN
KÜHLER DRINK IM SCHATTEN

BOWLE MIT GEEISTEN MELONENKUGELN

ZUBEREITUNG 15 MINUTEN, KÜHLZEIT MINDESTENS 1 STUNDE

FÜR 8–10 PORTIONEN

· 1 HONIGMELONE
· 600 ML TROCKENER WEISSWEIN
· 350 ML TROCKENER SEKT
· 30 CL BITTERORANGEN-LIKÖR
· 20 CL WEISSER RUM
· 20 CL KOKOSSIRUP
· 2 KARAMBOLEN (STERNFRÜCHTE)
· 1 UNBEHANDELTE ZITRONE

AUSSERDEM

· MELONENAUSSTECHER

Die Honigmelone halbieren, die Kerne mit einem Löffel herauslösen und mit einem Melonenausstecher Kugeln aus dem Fruchtfleisch herausschneiden. Die Melonenkugeln mindestens 1 Stunde ins Gefrierfach legen.

Den Weißwein und den Sekt in ein großes Gefäß gießen. Mit Bitterorangen-Likör, Rum und Kokossirup vermengen.

Die Karambolen waschen und in ca. 0,5 cm dicke Sterne schneiden. Die Zitrone heiß abspülen, trocken reiben und in dünne Scheiben schneiden.

Die tiefgefrorenen Melonenkugeln erst kurz vor dem Servieren in die Bowle geben.

TIPP:

DIE MELONENKUGELN AM BESTEN SCHON AM TAG VORHER EINFRIEREN.

BATIDA DE LECHOSA – PAPAYA-MILKSHAKE

ZUBEREITUNG 10 MINUTEN

FÜR 4–6 GLÄSER

· 500 G PAPAYA
· 1 TL GEMAHLENE VANILLE
· 1 L MILCH
· 1 TL FLÜSSIGER HONIG
· CRUSHED ICE

AUSSERDEM

· MIXER ODER STABMIXER

Das Fruchtfleisch der Papaya klein schneiden, mit der Vanille, der Milch und dem Honig in einen Mixer geben und gut durchmixen, bis der Milkshake eine samtige Textur hat.

Mit Crushed Ice auffüllen, nochmals durchmixen und auf Gläser verteilen.

TIPP:

DAS ENZYM PAPAIN LÄSST DIE PAPAYA IN VERBINDUNG MIT MILCH BITTER UND DICKFLÜSSIG WERDEN. DESHALB DEN PAPAYA-MILKSHAKE ERST UNMITTELBAR VOR DEM SERVIEREN ZUBEREITEN UND SOFORT TRINKEN.

EIS-KAFFEE MIT JAMAIKA-NISCHEM RUM, KAFFEE-LIKÖR & SAHNEHAUBE

ZUBEREITUNG 10 MINUTEN, ABKÜHLZEIT MINDESTENS 1 STUNDE

FÜR 4 GLÄSER

- 500 ML STARKER KAFFEE
- 1 EL BRAUNER ZUCKER
- 200 G SAHNE
- 1 PÄCKCHEN VANILLEZUCKER
- 4 KUGELN VANILLEEIS
- 8 CL JAMAIKA-RUM
- 8 CL KAFFEELIKÖR
- GEMAHLENE VANILLE
  ZUM BESTREUEN

Kaffee kochen, mit braunem Zucker süßen, abkühlen lassen und zum Durchkühlen in den Kühlschrank stellen.

Die Sahne mit dem Vanillezucker steif schlagen. Die Vanilleeiskugeln auf 4 Gläser verteilen und mit jeweils 2 cl Rum und Kaffeelikör übergießen. Mit dem kalten Kaffee auffüllen und mit Sahnehaube bedecken. Mit Vanille bestreuen und schnell servieren.

TIPP:
STATT VANILLEEIS SELBST GEMACHTES KOKOSEIS
(REZEPT SEITE 136) VERWENDEN.

PINKE GRAPEFRUIT-LIMONADE

ZUBEREITUNG 15 MINUTEN

FÜR 4 GLÄSER

- 2 UNBEHANDELTE LIMETTEN
- 4 PASSIONSFRÜCHTE
- 4 EL BRAUNER ZUCKER
- 2 PINKE GRAPEFRUITS
- CRUSHED ICE
- 600 ML GINGER ALE

Die Limetten heiß abwaschen, trocken reiben, in kleine Stücke schneiden und in eine Schüssel geben.

Die Passionsfrüchte halbieren, das Fruchtmark mit einem Löffel herauskratzen, mit dem Zucker unter die Limetten mischen und auf 4 Gläser verteilen. Die Mischung im Glas mit einem Stößel andrücken, bis die Limetten Saft abgeben.

Die Grapefruits halbieren, auspressen und den Saft auf die Gläser verteilen. Mit Crushed Ice und Ginger Ale auffüllen und sofort servieren.

TIPP:
LIMONADE LÄSST SICH AUCH AUS FRISCH GEPRESSTEM ORANGEN- ODER ZITRONENSAFT HERSTELLEN.

MANGO-MOJITO

ZUBEREITUNG 15 MINUTEN

FÜR 4 GLÄSER

· 1 REIFE MANGO
· 3 UNBEHANDELTE LIMETTEN
· 8 TL WEISSER ZUCKER
· 20 MINZEBLÄTTER
· 16 CL WEISSER RUM
· CRUSHED ICE

AUSSERDEM

· STABMIXER

Die Mango schälen, vom Kern befreien, das Fruchtfleisch zerkleinern und mit einem Stabmixer fein pürieren.

Eine Limette heiß abwaschen, trocken reiben und in kleine Stücke schneiden. Die übrigen Limetten halbieren und auspressen.

Die Gläser bereitstellen und jeweils 2 TL Zucker, 5 Minzeblätter und 4 cl Rum hineingeben. Die Limettenstückchen und den Limettensaft auf die Gläser verteilen und mit einem langen Löffel umrühren.

Die Gläser mit Crushed Ice auffüllen, das Mangopüree darübergießen und sofort servieren.

TIPP:
STATT DER FRISCHEN MANGO KANN AUCH FERTIGES MANGOPÜREE
VERWENDET WERDEN.

BAHAMA MAMA – FRUCHTIGER COCKTAIL

ZUBEREITUNG 5 MINUTEN

FÜR 1 LONGDRINKGLAS

· 1 SCHUSS GRENADINE-SIRUP
· 2 CL WEISSER RUM
· 2 CL BRAUNER, MILDER JAMAIKA-RUM
· 2 CL KOKOSNUSS-RUM-LIKÖR
· 4 CL FRISCH GEPRESSTER ORANGENSAFT
· 4 CL ANANASSAFT
· 2 CL FRISCH GEPRESSTER ZITRONENSAFT
· 2–3 EISWÜRFEL

Den Grenadine-Sirup in ein Longdrinkglas geben. Alle anderen Zutaten mit den Eiswürfeln in einem Gefäß gut zusammenmixen und anschließend auf die Grenadine gießen.

TIPP:

BESONDERS KÖSTLICH WIRD DIESER COCKTAIL MIT FRISCH IM ENTSAFTER GEPRESSTER ANANAS.

ÜBER DIE AUTORINNEN

Das Trio kennt sich privat schon lange und hat bereits Hello Snow für den Thorbecke Verlag verwirklicht – jetzt waren sie mal im Sonnenschein unterwegs

Julia (links) – Julia liebt Sonne und Strand und war für dieses Buch in den schönsten Ecken zwischen Palmen und Margaritas unterwegs. Sie widmet sich dem karibischen Essen mit großer Leidenschaft und fotografiert es für Hola Sol passend zur Karibik: bunt, laut und intensiv.

Julia ist gelernte Fotografin und studierte Foto-Designerin. Sie hat 5 Jahre in New York gearbeitet, bis Hamburg ihr neues Zuhause wurde. Dort fotografiert sie für verschiedene Projekte rund um das Thema Essen. Darunter ist auch ihr Blog Liz&Jewels. Ihre liebsten Gäste in der Küche sind ihr Mann und ihre zwei Töchter.

Vera (Mitte) – Palmen und gutes Essen – besser geht es nicht für Vera. Sie schaut gern stundenlang aufs Meer hinaus und liebt es, wenn die eigene Haut nach Sonne riecht. Für Hola Sol durfte sie sich während der kalten deutschen Wintermonate in die Ferne träumen und farbenfroh auslassen.
Die Grafikdesignerin und Dozentin hat schon viele verschiedene Buch- und Magazinkonzepte entwickelt und bis zum Druck begleitet. Sie betreibt das Designbüro vrej in Köln zusammen mit ihrem Geschäftspartner Jens Rehling.

Saskia (rechts) – Für Saskia war es eine spannende Herausforderung für Hola Sol in die Töpfe der karibischen Küchen zu schauen, die Rezepte für unseren Geschmack zu variieren und hier und da etwas zu „entschärfen". Saskia lebt in Hamburg, hat Betriebswirtschaft studiert, entwickelt heute Rezepte, ist Ernährungscoach und kocht, stylt, fotografiert und schreibt aus Leidenschaft für ihren Blog Dee's Küche, der ursprünglich als erstes Kochbuch für ihre erwachsenen Kinder gedacht war.

DREAMS ARE
MADE OF SUN
AND SEA.

A

Accras vom Kabeljau **S. 48**

Albóndigas en Salsa de Tomate **S. 102**

Ananassalsa **S. 84**

B

Bahama Mama –
  fruchtiger Cocktail **S. 162**

Banana Bread **S. 24**

Banana Fritters **S. 30**

Banana Ketchup **S. 78**

Bananas Calypso – gebackene
  Bananen mit Guaven-Kompott **S. 138**

Batida de Lechosa –
  Papaya-Milkshake **S. 154**

Bowle mit geeisten
  Melonenkugeln **S. 152**

C

Cajun-Gewürzmischung **S. 44**

Ceviche mit Melone-
  Avocado-Tatar **S. 42**

Churros – Spritzgebäck
  mit Schokoladensauce **S. 134**

Coconut Chicken **S. 108**

D

Dreierlei fruchtige Salsas **S. 84**

E

Eis-Kaffee mit jamaikanischem Rum,
  Kaffeelikör & Sahnehaube **S. 156**

Eis-Pops mit Passionsfrucht, Ananas
  und Mango **S. 130**

F

Festival – In der Pfanne
  frittierte Maisbrötchen **S. 104**

Fire Oil **S. 46**

Frische Ananas mit
  Kokos-Minze-Joghurt **S. 20**

Fruchtsalat mit
  Mascarponecreme **S. 132**

G

Garnelenspieße mit
  Avocado-Chili-Dip **S. 90**

Gegrillter Pfirsich mit süß-scharfen
  Currygarnelen **S. 60**

Guacamole **S. 82**

H

Helado de Coco – Kokoseis **S. 136**

Huevos Rancheros **S. 28**

J

Jambalaya – Reispfanne mit Gemüse,
  Huhn und Garnelen **S. 112**
Jerk Chicken – würzig
  mariniertes Huhn **S. 116**

K

Krabbencocktail auf Avocado **S. 76**
Kreolische Sauce – Sauce Créole **S. 120**
Krosse Süßkartoffelrösti mit Spiegelei
  und Bacon **S. 22**
Kürbissuppe mit
  Cajun-Hähnchenspieß **S. 44**

M

Maisschaumsüppchen mit Chorizo und
  karamellisiertem Mais **S. 114**
Mangocreme mit Passionsfrucht-
  Topping **S. 140**
Mango-Mojito **S. 160**
Mangosalsa **S. 84**
Muscheln in Kokos-Curry-Sud **S. 56**

O

Ofenlachs mit kreolischer Sauce **S. 118**
Oxtail Stew – geschmorter
  Ochsenschwanz **S. 110**

P

Papas Arrugadas –
  Kartoffeln in Salzkruste **S. 50**
Papayasalsa **S. 84**
Picadillo – Hackpfanne mit
  Rosinen und Kochbananen **S. 58**
Pico de Gallo – Tomatensalsa **S. 86**
Piña-Colada-Konfitüre **S. 26**
Pinke Grapefruit-Limonade **S. 158**

R

Reis mit schwarzen Bohnen
  und Kokosmilch **S. 121**

S

Salsa Rojo **S. 54**
Salsa Verde **S. 52**
Sopa de Pescado – Fischsuppe **S. 106**

T

Tacos mit Chorizo, Pico de Gallo
  und Guacamole **S. 80**
Thunfisch-Frikadellen mit
  Zitronen-Mayonnaise **S. 92**
Thunfischsteak auf Mango-
  Papaya-Avocadosalat **S. 62**

W

Warmer Maiskolbensalat **S. 88**

VERLAGSGRUPPE PATMOS

PATMOS
ESCHBACH
GRÜNEWALD
THORBECKE
SCHWABEN
VER SACRUM

Die Verlagsgruppe
mit Sinn für das Leben

Für die Verlagsgruppe Patmos ist Nachhaltigkeit ein wichtiger Maßstab ihres Handelns. Wir achten daher auf den Einsatz umweltschonender Ressourcen und Materialien.

Fotos: Julia Cawley
Gestaltung: designbüro vrej
Rezepte: Saskia van Deelen
Druck: Firmengruppe APPL, aprinta druck, Wemding
Hergestellt in Deutschland
ISBN 978-3-7995-1339-5